Menudo

Menudo

Maria Molina

Photographs by Juan Ruiz

Translation by Elizabeth Garcia

Julian Messner 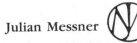 New York

Copyright © 1984 by 2M Communications, Ltd.

All rights reserved including the right of
reproduction in whole or in part in any form.
Published by Julian Messner,
A Division of Simon & Schuster, Inc.
Simon & Schuster Building,
1230 Avenue of the Americas,
New York, New York 10020.
JULIAN MESSNER and colophon are trademarks of
Simon & Schuster, Inc.

10 9 8 7 6 5 4 3 2 1

Picture credit: United Press International, pgs. 11 (bottom), 76 (top)

Manufactured in the United States of America

Design by Howard B. Petlack, A Good Thing, Inc.

Library of Congress Cataloging in Publication Data.
Molina, Maria.
    Menudo.
    In English and Spanish.
    1. Menudo (Musical group) I. Title.
ML421.M46M6   1984   784.5'4'0092.2 [B]   84-514
ISBN 0-671-50635-8
ISBN 0-671-50796-6 (pbk.)

Acknowledgments

Special thanks to Elizabeth Garcia
for her invaluable research, and to Juan Ruiz
for his time and wonderful pictures.

Contents Contenido

Meet Menudo!

¡Conozcan a Menudo!

There's a crowd of girls waiting outside the hotel, spilling over from the sidewalks onto the street. They're very excited. Some of the girls have large cassette players. Others have homemade banners and signs. Lot of them wear buttons that say I ♡ Menudo, or sweatshirts with the name of the group or their fan club across the front.

One girl is holding an autographed picture tightly while tears stream down her cheeks. But she doesn't look unhappy. In fact, she's laughing. Her jealous friends crowd around her, staring at the picture of five dark-haired, adorable boys, dressed in identical outfits. "I can't believe it," the girl says over and over. "I got it! I got it!"

What did she get?

MENUDO MANIA!

What's Menudo?

Back in 1977, Edgardo Diaz, who used to be a singer himself, got the idea to form a singing and dancing group that would perform in Spanish to audiences in Latin America. He had no idea that this group would ever become so popular when he recruited five talented boys. They worked incredibly hard after school and on weekends, day after day. After long hours of repeating dance steps and lyrics, the boys began appearing in public on weekends. (They would sing and dance to prerecorded music, so they didn't have to learn how to play any instruments.)

Within a year, Menudo became so popular that they began to travel around Puerto Rico, showing their stuff to thousands of new fans.

Hay un grupo de muchachas esperando fuera del hotel congregandose desde la acera hasta la calle. Estan muy agitadas. Algunas de las chicas tienen grabadoras. Otras tienen banderas y carteles hechos en casa. Muchas de ellas usan botones que dicen yo ♡ Menudo, o camisetas con el nombre del grupo o el nombre del club de admiradoras en el frente.

Una chica esta aguantando una fotografía autografiada mientras lagrimas brotan de sus ojos. Pero no se ve triste. En verdad, se está riendo. Sus amigas, un poco celosas, la rodean mirando fijamente a la fotografía de cinco muchachos adorables vestidos identicamente. "No lo puedo creer," repite la chica. "¡Lo tengo. Lo tengo!"

¿Que tiene?

¡Menuditis!

¿Que es Menudo?

En 1977, Edgardo Díaz, que a su vez también fué cantante, tuvo la idea de formar un conjunto que cantara y bailara para la juventud de habla hispana de los países de la America Latina. El no esperaba que este conjunto se convirtiera tan popular cuando él seleccionó a cinco talentosos muchachos, que día tras día, ensayaban muy duro después de terminar sus clases en la escuela, y además durante el tiempo libre que disponian. Después de muchas horas de ensayar los pasos de baile y las canciones, los muchachos comenzaron a actuar durante los fines de semana. (Ellos cantaban y bailaban al compas de música pre-grabada, y así no tuvieron que aprender a tocar instrumentos).

En el transcurso de un año, los integrantes del conjunto Menudo se hicieron tan populares que comenzaron a viajar en gira artística a traves de todo Puerto Rico, mostrando así sus talentos a miles de admiradoras.

Miguel, Charlie, and Ray pretend to be ambassadors as they sit at the desk of the secretary general during a trip to the United Nations in June 1983. The UN was a particularly appropriate place for Menudo to visit, since their music touches the hearts of so many different people in countries around the world.

En junio 1983, cuando Miguel, Charlie y Ray visitaron las Naciones Unidas, al sentarse en la silla del Sr. Secretario General se sintieron como embajadores. La visita del conjunto Menudo a las Naciones Unidas fue muy apropiada pues ellos como embajadores artísticos penetran con sus canciones en el corazón de la juventud de muchos países.

These shirts might make Miguel, Johnny, Charlie, and Ray look like they're in a marching band, but they're really at a press conference in New York City in the summer of 1983.

Estas camisas hacen a Miguel, Johnny, Charlie y Ray aparecer que son miembros de una banda de música, pero en realidad están asistiendo a una conferencia de prensa en Nueva York en el verano de 1983.

Everyone looks happy. Left to right: Johnny, Ray, Ricky, Charlie, and Miguel.

Todos se ven muy felices. De izquierda a derecha: Johnny, Ray, Ricky, Charlie y Miguel.

Edgardo Diaz, the man who started and manages the Menudo organization, keeping an eye on his boys. Front: Miguel and Ricky; back: Johnny and Charlie.

Edgardo Díaz, el creador y director de la organización de Menudo, vigilando a sus muchachos. En el frente, Miguel y Ricky, y atrás Johnny y Charlie.

In September 1979, they began their weekly television show that's still shown on Channel 2 in Puerto Rico. Being on TV brought them even more new fans, and when their albums were released (the first three were all called *Menudo,* so you wouldn't forget their name), they'd literally fly out of the stores! Menudo mania had begun. Many people have said that Menudo will be as big—or bigger—than the Beatles.

Even Menudo Has Rules

1. To be in Menudo, a boy must be at least twelve years of age. He must be adorable, of course, and speak fluent Spanish.
2. A Menudo must be a very talented singer and dancer, and dedicated to performing.
3. Menudos must be healthy (remember, they rehearse all the time when they're not performing), study hard and get good grades (private tutors go along on the tours so that the boys can keep up with their classes), have no bad habits (like cigarette smoking or taking drugs), and get along well with others.
4. A member of Menudo must *leave* the group before his six- teenth birthday, or if his voice changes, or he gets too tall.

Of all the rules, number four is certainly the hardest for anyone who has been in the group. Since they first started performing, there have been *eleven* different boys in Menudo. Ricky is the only original Menudo who is still in the group.

Who were the original boys in Menudo?

En septiembre de 1979, empezaron su programa de televisión semanal que aún se puede ver en el Canal 2 de Puerto Rico. Sus actuaciones en la televisión, les aumentó considerable- mente el número de fanáticas. Lo que hizo que cuando sus discos de larga duración fueron lanzados (los primeros tres se llaman Menudo para que no se olvidaran del nombre del conjunto) se agotaban en las tiendas. Muchas personas han dicho que Menudo va a ser tan grandeo más grande que Los Beatles.

Para ser miembro del conjunto Menudo requiere las siguientes reglas:

1. Para ser parte de Menudo, un muchacho tiene que tener doce años de edad. Tiene que ser adorable, claro, y hablar castellano correctamente.

2. Un miembro de Menudo tiene que tener mucho talento para poder cantar, bailar, y actitudes para actuar.

3. Miembros de Menudo tienen que disfrutar de buena salud (recuerden, cuando no están actuando están ensayando), estudiar muy duro y sacar buenas notas (ellos reciben lecciones particulares cuando están de gira para que no se atrasen en sus estudios), no pueden tener malos hábitos (como fumar cigarillos o utilizar drogas), y se tienen que llevar bien con los demás.

4. Un miembro de Menudo tiene que dejar el grupo antes de cumplir dieciséis años de edad, o si su voz cambia, o si ha crecido mucho.

De todas las reglas la cuarta es la más difícil para cualquiera que ha estado en el grupo. Desde que comenzaron a actuar, han habido once muchachos diferentes en Menudo. Ricky es el único miembro original del conjunto.

¿Quienes fueron los miembros originales de Menudo?

When Edgardo Diaz formed Menudo, it was a family affair. Two of the boys were brothers—Fernando and Oscar "Nefty" Sallaberry—and the other three were also brothers (sons of one of Edgardo Diaz's cousins). Their names, as you might have guessed, were Oscar, Carlos, and Ricky Melendez.

When Nefty turned fifteen in 1979, he was replaced by Rene Farrait.

A year later, Carlos and Fernando had to go, and Johnny and Xavier Serbia took over for them.

In 1981, Miguel ("Migue" is his nickname) stepped into Oscar's shoes.

Nineteen-eighty-two brought Charlie in for Rene.

Menudo said goodbye to Xavier and hello to Ray in 1983, and Miguel did the same to Roy Diaz, who is the very newest Menudo.

Can you keep track of all that? It's not easy!

Of all the ex-Menudos, Xavier, Fernando, and Rene have continued their careers as performers, and they're all still really popular in Puerto Rico and Latin America. Oscar, Carlos, and Nefty are college students in the United States. Even though it was hard leaving Menudo, being part of the group gave them wonderful memories and loads of great experiences in countries all over the world.

You might have one more question. What does Menudo mean in Spanish?

Menudo is a slang term for "small change," but as you know, Menudo isn't small at all—it's *gigantic!*

Cuando Edgardo Díaz formó Menudo, entre los chicos había relación familiar. Dos de los muchachos eran hermanos — Fernando y Oscar "Nefty" Sallaberry—y los otros tres también eran hermanos (hijos de uno de los primos de Edgardo Díaz). Sus nombres como ya deben haber adivinado, eran Oscar, Carlos y Ricky Melendez.

Cuando Nefty cumplió quince años en 1979, el fue substituido por René Farrait.

Un año después, Carlos y Fernando tuvieron que irse, y Johnny y Xavier Serbia tomaron su lugar.

En 1981, Miguel ("Migue" es su apodo) tomó el lugar de Oscar.

En 1982, Charlie sustituyó a René.

Xavier se despidió de Menudo y Ray entró en el conjunto en 1983, Miguel hizo lo mismo por Roy Díaz, quien es el miembro más reciente.

¿Se pueden recordar de todo eso? ¿No es facil verdad?

De todos los ex-miembros de Menudo, Xavier, Fernando, y René han continuado sus carreras como artístas y continuan tan populares en Puerto Rico y Latino America como antes. Oscar, Carlos y Nefty estudian en universidades en los Estados Unidos. Aunque fue difícil dejar Menudo, siendo parte del grupo les trajo recuerdos muy bonitos y experiencias en sus actuaciones en países extranjeros.

Xavier on the terrace of the Doral Inn in New York City. Behind him, Ray isn't planning to jump — he's looking down at all the Menudo fans waiting below.

Xavier en la terraza del Doral Inn en la ciudad de Nueva York. Ray, detrás de el, observando las admiradoras que los esperan abajo.

Ex-Menudo members Rene Farrait and Fernando Sallaberry. Now 17, both have continued their careers in show business. Rene loves rock 'n' roll, and has released a solo album called *Rene, My Music.* Fernando has two solo albums out, and they're both called—you guessed it—*Fernando.*

Los ex-miembros de Menudo René Farrait y Fernando Sallaberry. Ambos tienen 17 años y han continuado con sus actividades artísticas. A René le gusta la música de rock 'n' roll, y ha grabado un álbum titulado René, Mi Música. Fernando, por su parte, ha lanzado dos álbums titulados, Fernando.

Rene Farrait used to be in Menudo. Now he's watching them rehearse on stage at the Felt Forum in New York. He's pointing to an earring in the shape of an arrow, given to him by a friend. He wouldn't say who the friend was!

René Farrait ex-miembro de Menudo asiste a uno de los ensayos en el Felt Forum de Nueva York. En la foto muestra un arete que le regaló una admiradora. ¡No quiso decir quien era la admiradora!

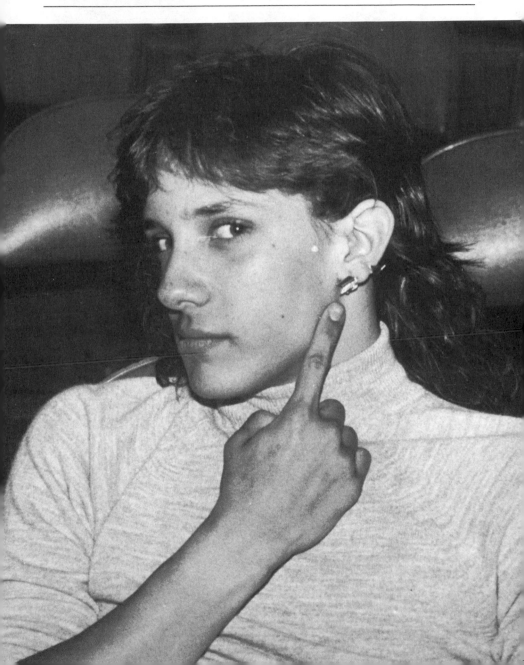

Rene backstage in Puerto Rico.	*René detrás del escenario en Puerto Rico.*
He loves his fringed suede boots.	*En la foto de la izquierda, nos muestra sus botas.*
Showing off his guitar playing. Wait a minute, Rene, didn't you forget to plug it in?	*En la de la derecha, su guitarra, tal parece que se le olvidó conectarla.*

Johnny Lozada Correa
(Johnny)

Vital Statistics

Birthplace: Caguas, Puerto Rico

Birthdate: December 21, 1967

Astrological sign: Sagittarius

Height: 5'4"

Weight: 114 pounds

Color of eyes: black

Family: Johnny is an only child. His parents are divorced and he lives with his mother.

Hobby: bicycle riding

Collects: keys

Likes to read: adventure novels

Would really like to: make a parachute jump

Favorites

Dish: pig's feet

Dessert: strawberries with cream

Drink: conga

Color: sky blue

Flower: daisy

Animal: dog

Place: his home

Artist: David Lee Roth

Type of clothing: sporty

Car: Porsche 914

Biggest accomplishment: being part of Menudo

Biggest satisfaction: being loved by others

What bothers him the most: being screamed at

Datos Personales

Lugar de nacimiento: Caguas, Puerto Rico

Fecha de nacimiento: 21 de diciembre de 1967

Signo zodiacal: Sagitario

Estatura: 5'4"

Peso: 114 libras

Ojos: negros

Familia: Johnny es hijo único. Sus padres están divorciados y el vive con su madre.

Pasatiempo: andar en bicicleta

Colecciona: llaves

Tipo de lectura: novelas de aventuras

Lo que más quisiera hacer: saltar en paracaídas

Cosas Favoritas

Plato: patas de cerdo

Postre: fresas con crema

Bebida: conga

Color: azul celeste

Flor: margarita

Animal: perro

Lugar: su casa

Artista: David Lee Roth

Tipo de ropa: deportiva

Auto preferido: Porsche 914

Mayor logro en la vida: ser integrante de Menudo

Mayor satisfacción: ser amado

Lo que más le molesta: que le griten

What upsets him the most: poverty	*Lo que le desagrada: la pobreza*
What impresses him the most: success	*Lo que más le impresiona: el éxito*
What he would like to change: wars	*Lo que cambiaría del mundo: las guerras*

Johnny in the cockpit of the Menudo plane. Maybe he'll become a pilot after he leaves Menudo.	*Johnny está en la cabina del piloto del avion de los Menudo. ¿Tal vez estudiará para ser piloto cuando deje a Menudo?*

Johnny is teaching Charlie how to stand on his head.

Come on, it's easy, he's saying.

Charlie does a perfect handstand as Johnny rolls over to get a better look.

Johnny le está enseñando a Charlie como pararse de cabeza.

"Vamos ... es facíl hacerlo."

Charlie lo hace perfectamente, mientras que Johnny lo observa.

Carlos Javier Rivera Massó
(Charlie)

Vital Statistics

Birthplace: Santurce, Puerto Rico

Birthdate: June 13, 1969

Astrological sign: Gemini

Height: 5'1"

Weight: 100 pounds

Color of eyes: light brown

Family: Charlie's parents are Rafael and Maria Dolores, and his brothers and sisters are Emilio, Sonia, Evelin, Maritza, and Jo.

Hobby: coin collecting

Collects: coins and letters

Likes to read: magazines

Would really like to: ride fast bikes

Datos Personales

Lugar de nacimiento: Santurce, Puerto Rico

Fecha de nacimiento: 13 de junio de 1969

Signo zodiacal: Géminis

Estatura: 5'1"

Peso: 100 Libras

Ojos: marrón

Familia: Sus padres son Rafael y María Dolores, sus hermanos son Emilio, Sonia, Evelin, Maritza y Jo.

Pasatiempo: colecionar monedas

Colecciona: monedas y cartas

Tipo de lectura: revistas

Lo que más quisiera hacer: andar en bicicleta

Favorites

Dish: chicken and rice

Dessert: crème caramel

Drink: orange juice

Color: blue

Flower: orchid

Animal: dog

Place: his home

Artist: Henry Fonda and Brooke Shields

Type of clothing: sporty and modern

Car: Porsche

Biggest accomplishment: being part of Menudo

Biggest satisfaction: doing whatever he wants

Cosas Favoritas

Plato: arroz con pollo

Postre: flan de vainilla

Bebida: jugo de naranja

Color: azul

Flor: orquídea

Animal: perro

Lugar: su casa

Artista: Henry Fonda y Brooke Shields

Tipo de ropa: moderna y deportiva

Auto preferido: Porsche

Mayor logro en la vida: ser miembro de Menudo

Mayor satisfacción: hacer lo que quiera

What bothers him the most: being screamed at	*Lo que más le molesta: que le griten*
What upsets him the most: hypocrisy and lies	*Lo que le desagrada: la hipocresía y la mentira*
What impresses him the most: when a family member or friend dies	*Lo que más le impresiona: que se le muera algun familiar o amigo*
What he would like to change: everything	*Lo que cambiaría del mundo: todo*

Candids of Charlie on his fourteenth birthday.	*Fotografías de Charlie cuando cumplió sus catorce años.*

He doesn't look any older!	*¡No se ve más viejo!*

Trying to figure out Rubik's cube.	*Tratando de descubrir el rompecabeza "Rubik's cube."*
Now he knows what his name is!	*Ahora él sabe cual es su nombre.*

Look out! Charlie's doing a wheelie.	¡*Cuidado! Charlie está haciendo una maroma.*

Charlie's nose is peeling because he's a little sunburned.

La piel de la nariz de Charlie se esta despellejando a consequencia de una quemada de sol.

Miguel Angel Cancel Vázquez
(Miguel)

Vital Statistics

Birthplace: San Juan, Puerto Rico

Birthdate: June 29, 1968

Astrological sign: Cancer

Height: 5'3"

Weight: 113 pounds

Color of eyes: brown

Family: Miguel is an only child. He lives with his mother, Gloria.

Hobby: remote-control cars

Collects: little spoons

Likes to read: science fiction and adventure stories

Would really like to: see everyone in the world be happy

Favorites

Dish: rice, beans, and pork chops

Dessert: Jell-o

Drink: water

Color: blue

Flower: any

Animal: dog

Place: race tracks

Artist: Jose Luis Rodríguez, Van Halen, Erik Estrada, and Lou Ferrigno

Type of clothing: sporty and comfortable

Car: Porsche

Biggest accomplishment: being part of Menudo

Biggest satisfaction: spreading happiness

Datos Personales

Lugar de nacimiento: San Juan, Puerto Rico

Fecha de nacimiento: 29 de junio de 1968

Signo zodiacal: Cáncer

Estatura: 5'3"

Peso: 113 Libras

Ojos: marrón

Familia: Miguel es hijo único. Vive con su madre, Gloria.

Pasatiempo: carritos de control remoto

Colecciona: cucharitas

Tipo de lectura: ciencia ficción y aventuras

Lo que más quisiera hacer: ver a todos feliz

Cosas Favoritas

Plato: arroz, habichuelas y chuletas

Postre: gelatina

Bebida: agua

Color: azul

Flor: cualquiera

Animal: perro

Lugar: carrera de caballos

Artista: José Luis Rodríguez, Van Halen, Erik Estrada y Lou Ferrigno

Tipo de ropa: deportiva y comoda

Auto preferido: Porsche

Mayor logro en la vida: haber ingresado a Menudo

Mayor satisfacción: ofrecer alegría

What bothers him the most: being screamed at	*Lo que más le molesta: que le griten*
What upsets him the most: violence and bad treatment of animals	*Lo que le desagrada: la violencia y maltratar a los animales*
What impresses him the most: performing on stage	*Lo que más le impresiona: actuar en el escenario*
What he would like to change: many things	*Lo que cambiaría del mundo: muchas cosas*

Don't you wish you knew what was making Miguel put on such a funny face?

¿No les gustaría saber porque Miguel tiene una expresión tan burlona?

Miguel is peeking inside a present from a fan.
He's all smiles!

*Miguel está tratando de ver lo que le regaló una fanática.
Se sonríe.*

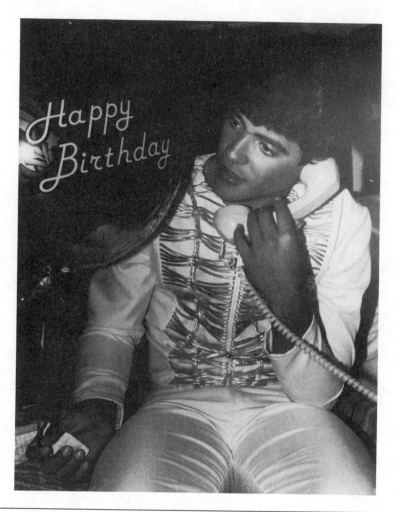

Miguel is guarding the balloon given to Charlie for his fourteenth birthday.

Miguel está cuidando el globo que le regalaron a Charlie por motivo de su cumpleaños.

Miguel is resting during rehearsals in New York.

Miguel está descansando durante los ensayos en Nueva York.

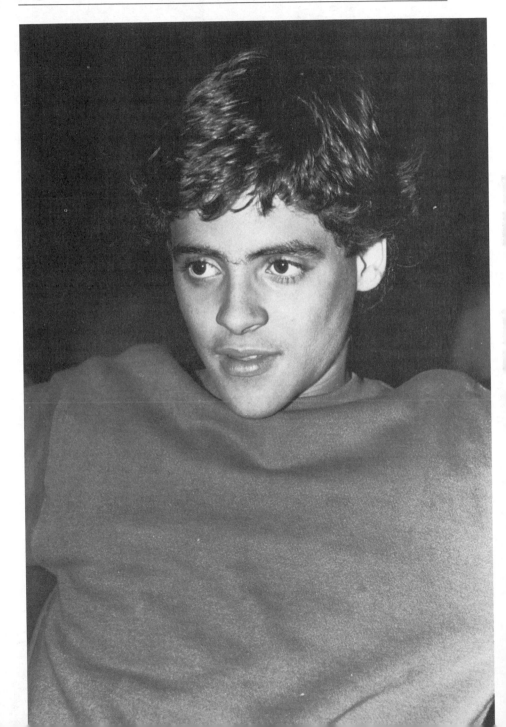

Ricardo Omar Meléndez (Ricky)

Vital Statistics

Birthplace: San Juan, Puerto Rico

Birthdate: November 22, 1968

Astrological sign: Sagittarius

Height: 5'4"

Weight: 110 pounds

Color of eyes: green

Family: Ricky's parents are Santos and Clara Luz, his brothers are Carlos Javier and Oscar Orlando, and his sister is Leslie Ann.

Hobby: sports

Collects: cars

Likes to read: biographies

Would really like to: go bike riding

Favorites

Dish: churrasco (meat and salads)

Dessert: fruit salad

Drink: milk

Color: orange

Flower: rose

Animal: horse

Place: Puerto Rico

Artist: Barry Manilow

Type of clothing: pants and T-shirts

Car: any sports car

Biggest accomplishment: being part of Menudo

Biggest satisfaction: life

What bothers him the most: lack of understanding and injustice

Datos Personales

Lugar de nacimiento: San Juan, Puerto Rico

Fecha de nacimiento: 22 de noviembre de 1968

Signo zodiacal: Sagitario

Estatura: 5'4"

Peso: 110 Libras

Ojos: verdes

Familia: Los padres de Ricky son Santos y Clara Luz, sus hermanos son Carlos Javier, Oscar Orlando y Leslie Ann.

Pasatiempo: los deportes

Colecciona: autos

Tipo de lectura: biografías

Lo que más quisiera hacer: montar en bicicleta

Cosas Favoritas

Plato: el churrasco

Postre: ensalada de frutas

Bebida: leche

Color: anaranjado

Flor: rosa

Animal: caballo

Lugar: Puerto Rico

Artista: Barry Manilow

Tipo de ropa: pantalones y camisetas

Auto preferido: deportivos

Mayor logro en la vida: pertenecer a Menudo

Mayor satisfacción: la vida

Lo que más le molesta: la injusticia y la incomprensión

What upsets him the most: badly prepared food

Lo que le desagrada: la comida mal preparada

What impresses him the most: being able to obtain something important

Lo que más le impresiona: cuando se logra algo importante

What he would like to change: nothing—because he can't!

Lo que cambiaría del mundo: nada, porque no puede

At Home with Ricky

Since you might have missed Ricky in some of the group shots —he had a bike accident, but don't worry, it was nothing serious—we thought you'd like to pay a visit to his house in Puerto Rico.

Ricky en su casa

Como probablemente les habrá extrañado no ver a Ricky en algunas fotos anteriores del grupo, el motivo fué que tuvo un accidente con su bicicleta. No se preocupen no fué nada serio. Vamos a hacerle una visita a Ricky en su casa en Puerto Rico.

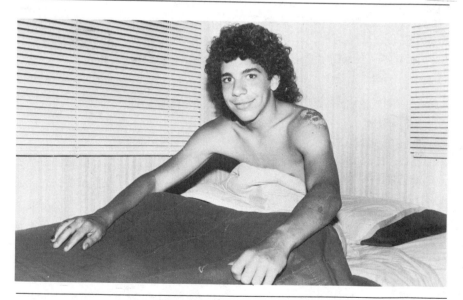

It's so nice to stay in bed!

Que bueno es estar en la cama cuando uno se está recuperando.

With his two brothers, Carlos and Oscar, who used to be in Menudo, and his parents, Clara and Santos. His sister Leslie Ann missed this picture!

Con sus dos hermanos, Carlos y Oscar, que anteriormente habían sido integrantes de Menudo, sus padres, Clara y Santos. Su hermana Leslie Ann no aparece en la foto.

Playing chess with a friend.	*Jugando ajedrez con un amigo.*

Rehearsing dance steps. One of his brothers is on the right, giving pointers. He should know!

Ensayando unos pasos de baile. Uno de sus hermanos está a la derecha ayudandolo. El es Oscar, el fue un Menudo tambien.

Practicing his singing.   *Aprendiendo una canción.*

Showing off his 10-speed. Hope he puts his shoes on before he rides it!

Mostrando su bicicleta. ¡Espero que se ponga los zapatos antes de montarla!

Miguel, Johnny, Ray, and Charlie going to visit Ricky, who was recuperating from a minor bike accident.

Miguel, Johnny, Ray y Charlie fueron a visitar a Ricky, quien estaba recuperandose después de haber sufrido un pequeño accidente con su bicicleta.

Ricky, in the yard of his parents' home in Puerto Rico, looks happy to see his friends. He still has a big bandage on his knee. Charlie must be hungry if he's planning to eat all that fruit!

Ricky, en el patio de la casa de sus padres en Puerto Rico, se ve muy feliz al ver sus amigos. Todavía tiene una venda sobre la rodilla. ¡Charlie debe estar con mucha hambre, si es que está planeando comer todas esas frutas!

By now, Miguel has changed his shirt and Ricky is eating grapes. Guess Charlie wasn't so hungry after all.

Miguel ya se cambió la camisa y Ricky se está comiendo las uvas. Pienso que Charlie no tenía tanta hambre.

Ray Reyes León
(Ray)

Vital Statistics

Birthplace: New York
Birthdate: March 13, 1970
Astrological sign: Pisces
Height: 5'3"
Weight: 105 pounds
Color of eyes: green
Family: Ray lives with his parents, Herminio and Carmen; his brother, Raul; and two cousins.
Hobby: sports
Collects: coins
Likes to read: the Bible
Would really like to: be with his mother

Favorites

Dish: shrimp fried rice
Dessert: chocolate crème caramel
Drink: Coke
Color: blue
Flower: rose
Animal: dog
Place: living room in his home
Artist: Lou Ferrigno
Type of clothing: sporty
Car: Porsche
Biggest accomplishment: being part of Menudo
Biggest satisfaction: having a united and loving family
What bothers him the most: other people's lack of understanding

Datos Personales

Lugar de nacimiento: Nueva York
Fecha de nacimiento: 13 de marzo de 1970
Signo zodiacal: Piscis
Estatura: 5'3"
Peso: 105 Libras
Ojos: verdes
Familia: Ray vive con sus padres, Herminio y Carmen, su hermano, Raúl, y dos primos.
Pasatiempo: los deportes
Colecciona: monedas
Tipo de lectura: la Biblia
Lo que más quisiera hacer: estar con su madre

Cosas Favoritas

Plato: arroz frito con camarones
Postre: flan de chocolate
Bebida: coca cola
Color: azul
Flor: rosa
Animal: perro
Lugar: la sala de su casa
Artista: Lou Ferrigno
Tipo de ropa: deportiva
Auto preferido: Porsche
Mayor logro en la vida: ser miembro de Menudo
Mayor satisfacción: tener una familia que se quiera y muy unida
Lo que más le molesta: la falta de comprension de la gente

What upsets him the most: not being taken seriously	*Lo que le desagrada: que no lo tomen en serio*
What impresses him the most: when he arrives back in Puerto Rico after a tour and being with his family	*Lo que más le impresiona: cuando regresa a Puerto Rico después de una jira y estar con su familia*
What he would like to change: sadness	*Lo que cambiaría del mundo: la tristeza*

Ray on the other side of the lens. Maybe he wants to be a film director.	*Ray detrás de la cámara. ¿Quizas él quiera ser un director de películas?*

Ray poses proudly with his family: his father, Herminio; his mother, Carmen; and his little brother, Raul. Maybe someday soon Raul will become a member of Menudo. Raul loves to sing for his family and friends, and in his church choir. He is also an avid soccer and boxing fan. Raul was born on April 13, 1971—that makes him an Aries.

Ray posa orgullosamente con su familia, su padre, Herminio; su madre, Carmen, y su hermano más pequeño Raúl. Tal vez algún día Raúl también será miembro del conjunto de Menudo. A Raúl le gusta cantar para la familia, amigos y en el coro de la iglesia. También es un ávido fanático de fútbol y boxeo. Raúl nació el 13 de abril de 1971, el es del signo de Aries.

Ray loves all animals, but his two dogs are his very favorites. Here Ray's in his yard at home in Puerto Rico, taking his pets for a ride in a rocking chair.

Ray ama a todos los animales, pero sus dos perros son sus favoritos. El está en el patio de su casa en Puerto Rico, meciéndose en el sillón con ellos.

Roy Stephan Roselló Díaz
(Roy)

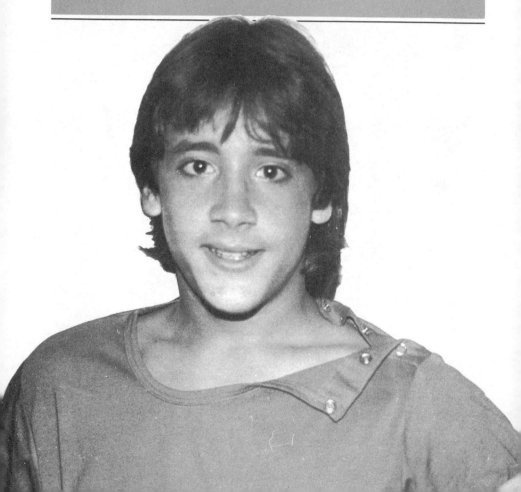

Vital Statistics*

Birthplace: Puerto Rico

Birthdate: May 1, 1970

Astrological sign: Taurus

Height: 5'2"

Weight: 110 pounds

Color of eyes: brown

Family: Roy's parents are Juan Rosello and Miriam Diaz, and he has two brothers and one sister.

Hobby: surfing

Likes to read: about music

Would really like to: be a sports star

*Datos Personales**

Lugar de nacimiento: Puerto Rico

Fecha de nacimiento: 1 de mayo de 1970

Signo zodiacal: Tauro

Estatura: 5'2"

Peso: 110 Libras

Ojos: marrón

Familia: Los padres de Roy son Juan Roselló y Miriam Díaz, el tiene dos hermanos y una hermana.

Pasatiempo: el practica el deporte de la tabla hawaiana

Tipo de lectura: todo sobre música

Lo que más quisiera hacer: deportista

Favorites

Dish: corned beef with rice

Artist: Pink Floyd

Biggest accomplishment: being part of Menudo

Cosas Favoritas

Plato: carne asada con arroz

Artista: Pink Floyd

Mayor logro en la vida: ser integrante de Menudo

*Note: Roy is the newest Menudo, so we don't know too much about him yet. But you'll soon find out more!

*Nota: Roy es nuevo en el grupo, por eso es que no se conoce mucho acerca de el, pero esperamos conocer más de su vida.

Here's Roy Diaz on a visit to New York City. He certainly looks happy to be in this group! Roy used to be on the Puerto Rican National Children's Soccer Team, but now he's playing another kind of team sport. Dancing and rehearsing will keep him in shape.

Aquí esta Roy Díaz durante una visita a Nueva York. Se ve muy feliz de pertenecer a este grupo. Roy, anteriormente integraba el equipo Nacional de Fútbol de Niños de Puerto Rico. Bailando y ensayando se mantendrá en forma.

Menudo Music

La Música de Menudo

Menudo has sold over three million records in Latin America in two years. They have two gold records in America, as well as one silver, four gold, and three platinum records in Latin America. Here are the names of their records (four of them have the same name—bet you can't guess what that is!):

1. **Menudo**
2. **Menudo**
3. **Menudo**
4. **Más Mucho Más**
5. **Menudo Es Navidad** (a Christmas record)
6. **Menudo**
7. **Quiero Ser** (sometimes called **Rock Chiquillo**)
8. **Por Amor**
9. **Una Aventura Llamada Menudo**
10. **Colleción de Menudo**

And the very latest record is called *Adios Miguel.* Perhaps hc'll have as bright a career as a solo performer as he did being one of the group.

En los últimos dos años Menudo ha vendido más de tres millones de discos sólamente en la America Latina. Han recibido dos discos de oro en los Estados Unidos, también uno de plata, cuatro de oro, y tres de platino en America Latina. Aquí están los nombres de los discos (cuatro de ellos tienen el mismo nombre—¡apuesto que no pueden adivinarlo!):

1. **Menudo**
2. **Menudo**
3. **Menudo**
4. **Más Mucho Más**
5. **Menudo Es Navidad**
6. **Menudo**
7. **Quiero Ser** (también se conoce como **Rock Chiquillo**)
8. **Por Amor**
9. **Una Aventura Llamada Menudo**
10. **Colleción de Menudo**

Y el último disco se llama Adios Miguel. *Quizas tenga una carrera brillante como solista igual a la que tuvo como miembro del grupo.*

At a press conference in the Plaza Hotel in New York, Mayor Ed Koch welcomes Menudo to his city, and presents them with gifts as souvenirs of their trip. They, in turn, presented the mayor with a plate that they had all signed. He told them he'd take it home as his own souvenir of Menudo. From left to right: Mayor Koch, Miguel (looking a bit skeptical), Johnny, Ricky, Charlie, and Xavier.

En la conferencia de prensa efectuada en el Hotel Plaza de Nueva York, el Alcalde Ed Koch le dió la bienvenida de la ciudad de Nueva York al conjunto Menudo, obsequiandoles con regalos. Ellos por su parte le entregaron al Alcalde Koch un plato con la firma de ellos. El Sr. Alcalde les dijo que se lo llevaría a su casa como recuerdo del conjunto Menudo. De izquierda a derecha: el Alcalde Koch, Miguel, Johnny, Ricky, Charlie y Xavier.

Menudo Movies

Las Peliculas de Menudo

In 1983, Menudo signed movie and television contracts with Hollywood's famous Embassy Communications, which is headed by producer Norman Lear. (He created "All in the Family" and lots of other successful TV shows.) The group will be shooting five English-language films starting in January 1984. And they'll be appearing in weekly spots on ABC-TV. Their weekly Spanish show, shown on cable networks in the United States and in Puerto Rico and Panama, is filmed in San Juan before an audience of hundreds of happily screaming Menudo fans. They've also appeared in soap operas on Puerto Rican television.

Menudo has already made two films in Spanish: *Menudo La Pelicula (Menudo the Film)* and *Una Aventura Llamada Menudo (An Adventure Called Menudo)*. This second movie cost about $400,000 to make—that's low, considering that most Hollywood movies now cost in the millions—and has, according to a newspaper report, already grossed over $1 million!

Menudo has also made videos, like many other rock bands, and these have been shown on TV shows nationwide, like "New York Hot Tracks." Maybe you'll even get to see them on MTV. They certainly are hot!

En 1983, Menudo firmó contratos para películas y televisión con la famosa compañía de Hollywood Embassy Communications, dirijida por el productor Norman Lear (él fue el que creó "All in the Family," y otros programas de televisión de gran éxito). El grupo comenzará a filmar cinco películas en inglés en enero de 1984. También, se presentaran semanalmente en la cadena de televisión norteamericana "ABC." El programa semanal de ellos en español, visto en las cadenas de cable en los Estados Unidos, y en Puerto Rico y Panamá, es filmada en Puerto Rico ante la presencia de centenares de admiradoras de Menudo. También se han presentado en novelas en Puerto Rico.

Menudo ya tiene dos películas en español: Menudo La Película y Una Aventura Llamada Menudo. La segunda película costó aproximadamente 400,000 dólares—eso es poco, considerando que las películas filmadas en Hollywood cuestan millones—u los periódicos informan que ya ha recaudado más de un millón de dólares.

Menudo también ha hecho videos, como otros conjuntos de rock, y estos se han exhibido en programas nacionales de la TV como "New York Hot Tracks." Tal vez pronto se veran en MTV. ¡Indiscutiblemente ellos son muy populares!

Johnny, Charlie, Xavier, Ray, and Miguel on the roof terrace of
the Doral Inn in New York, during an interview and commer-
cial for Channel 47, the Spanish TV station. Xavier was filling in
for Ricky on this tour. Charlie must be saying something to
make them all laugh.

*Johnny, Charlie, Xavier, Ray y Miguel en la terraza del Doral
Inn de Nueva York, durante un comercial para el Canal 47,
telemisora que transmite programas en español. Xavier sustituyó a Ricky durante esta gira. Charlie dijo algo que los
hizo reir a todos.*

Here's Menudo (except for Ricky — he missed this shot) taping their show at Channel 47, the Spanish-language station on cable television in New York. The girls, dressed in identical outfits, are all members of Las Mesecas fan club. The emcee is Jorge Ramos.

Aquí tenemos a Menudo (con la excepción de Ricky) durante la grabacion del programa "El Show de Menudo" por el Canal 47 en Nueva York. Las chicas vestidas identicamente, como Menudo pertenecen al club Las Mesecas. El maestro de ceremonia de este programa es el popular locutor Jorge Ramos.

Strutting up a storm.

Bailando.

Johnny sings solo as Miguel and Charlie look on. The smoke isn't real—it's from their smoke machine on stage.

Mientras Johnny canta Miguel y Charlie lo observan. El humo no es real—es producido por un equipo especial.

Ray is about to get "baptized" as a member of Menudo by Charlie and Johnny. He doesn't look too happy. Sorry, Ray, but they're only balloons filled with water.

Ray va a ser "bautizado" como miembro de Menudo por Charlie y Johnny. No se ve muy feliz. Lo sentimos por Ray, pues son solo globos llenos de agua.

Even though he's soaking wet, Ray is happy to now be an "official" Menudo. If you look carefully at Johnny, Miguel, and Charlie's clothes, you'll see that they got a little wet, too.

Terminado el bautizo Ray aparece empapado de agua, también se mojaron Johnny, Miguel y Charlie.

Menudo Moves Around

Menudo en Movimiento

Traveling from their home base, Menudo has performed all over Latin America. Countries they've visited include Venezuela, El Salvador, Mexico, Dominican Republic, Argentina, Chile, Uruguay, Honduras, and Guatemala. In the United States they've been to Los Angeles, Miami, Chicago, and New York.

Menudo ha viajado por varios países de America Latina. Los países que han visitado incluyen Venezuela, El Salvador, México, La República Dominicana, Argentina, Chile, Uruguay, Honduras y Guatemala. En los Estados Unidos han actuado en Los Angeles, Miami, Chicago y Nueva York.

Here's Johnny (above), Miguel (center), and Ray showing off their new Menudo private jet at a press conference in Puerto Rico. This jet once belonged to the Shah of Iran.

Aquí están Johnny, Miguel y Ray mostrando el avión privado de Menudo, durante una conferencia de prensa en Puerto Rico. Este avión perteneció previamente al Cha de Irán.

This is the interior of Menudo's plane. The seats are very comfortable. You can tell what the group likes to drink during their flights. (Hint: The bottles are in the back.)

Este es el interior del avión de Menudo. Los asientos son muy cómodos, y se puede ver lo que el grupo gusta de beber durante los viajes. (Las botellas de refrescos se pueden ver al fondo del avión.)

Miguel looks like he just stepped on a porcupine, but he's only putting on his shoes.

Tal parece que Miguel pisó un puerco espín, pero en verdad se esta colocando los zapatos.

Menudo in action at Madison Square Garden in New York. On this tour, Xavier was filling in for Ricky.

Left to right: Xavier, Johnny, Miguel, Charlie, and Ray.

Menudo en acción en el Madison Square Garden de Nueva York. En esta gira Xavier sustituyó a Ricky.

De izquierda a derecha: Xavier, Johnny, Miguel, Charlie y Ray.

They're even cute from the back! Can you tell which one is which? (Answer: Ray, Charlie, Miguel, Johnny, and Xavier.)

Son todos guapos hasta de espalda. ¿Pueden adivinar quien es quien? (Respuesta: Ray, Charlie, Miguel, Johnny y Xavier.)

Xavier

Johnny

Miguel

Miguel

Miguel and Ray

Miguel y Ray

Miguel and Charlie get their hair styled before a performance.

Un estilista peina a Miguel y Charlie antes de comenzar las actuaciones.

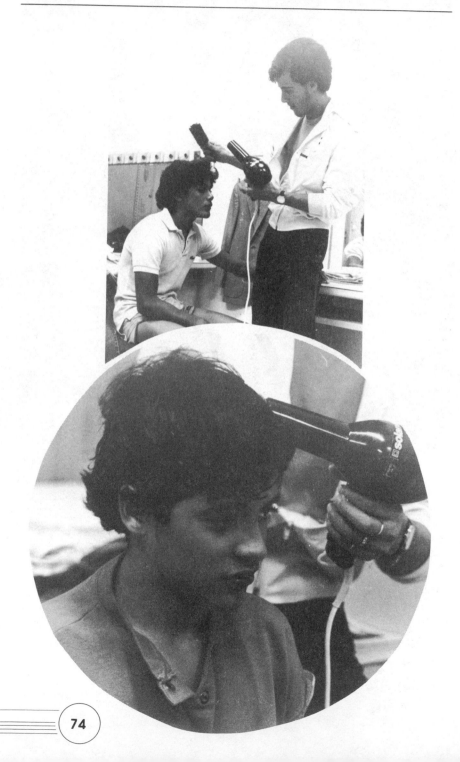

More rehearsals. From left to right: Xavier, Johnny, Miguel, Ricky, Charlie, and Ray.

Más ensayos. De izquierda a derecha: Xavier, Johnny, Miguel, Ricky, Charlie y Ray.

These costumes may make Menudo look a little bit like Peter Pan, but (left to right) Miguel, Ricky, Ray, Johnny, and Charlie don't seem to mind.

Este vestuario hace lucir a los chicos de Menudo como "Peter Pan," (de izquierda a derecha): Miguel, Ricky, Ray, Johnny y Charlie pero a ellos no les importa.

Rehearsing at the Felt Forum in New York. Menudo's choreographer, Joselo, is holding a cassette player. Menudo always performs to taped music.

Ensayando en el Felt Forum de Nueva York. Joselo, el coreógrafo del conjunto de Menudo, les muestra una cinta pregrabada para uno de sus bailes.

Menudo goes on American television. Here they're with the hosts of ABC-TV's "Morning Show."

Aquí vemos los integrantes de Menudo en el programa de la TV-ABC llamado "Morning Show."

Ray and Johnny are having a good time, while Charlie is hidden behind a pensively staring Miguel.

Ray y Johnny se estan divertiendo, mientras que Charlie escondido detrás de Miguel tiene una expresión pensativa.

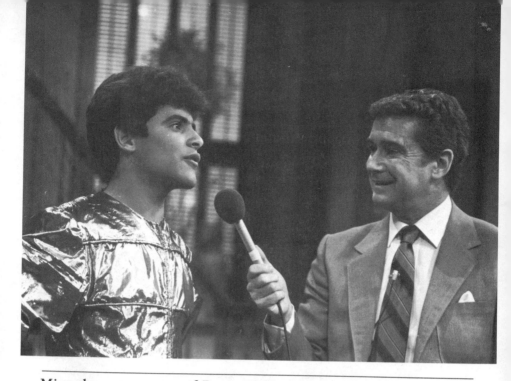

Miguel answers one of Regis Philbin's questions.

Miguel responde a una de las preguntas de Regis Philbin.

Johnny

Posing after the taping with some of their fans. Members of Menudo only wear their glittery costumes when they are performing or doing interviews. Offstage, they all prefer polo or T-shirts and jeans.

Posando después de la filmación con sus fanáticas. Los miembros de Menudo sólo usan vestuarios idénticos durante sus actuaciones. Fuera del escenario prefieren camisetas y jeans.

Miguel

Menudo Merchandise

Mercancia de Menudo

Fans of Menudo can get lots of souvenirs of their favorite group. There are over forty items available, including:

T-shirts	comic books
sweatshirts	bookbags
jeans	calendars
shorts	lunch boxes
socks	pencil cases
shoes	seals and stickers
watches	bumper stickers
keychains	posters
bracelets	magazines
necklaces	balloons
pins	banners
hair combs and barrettes	games (one of them is called the "Karshow" game)
visors	
postcards	puzzles
notebooks	(one is called "Cerca de ti")
rulers	and even toothpaste and vitamins!

Las admiradoras de Menudo pueden comprar muchos artículos de su conjunto favorito. Hay mas de cuarenta artículos disponibles, que incluyen:

camisetas	*bolsas para libros*
jeans	*calendarios*
pantalones cortos	*estuches de lapices*
medias	*sellos y etiquetas*
relojes	*calcomanía*
llaveros	*carteles*
pulseras	*revistas*
cadenas	*globos*
broches	*banderas*
hebillas	*juegos (uno de los juegos se llama "Karshow")*
viseras	
tarjetas postales	*rompecabezas (uno se llama "Cerca de ti")*
cuadernos	
reglas	*y hasta pasta de dientes y vitaminas.*
revistas de historietas	

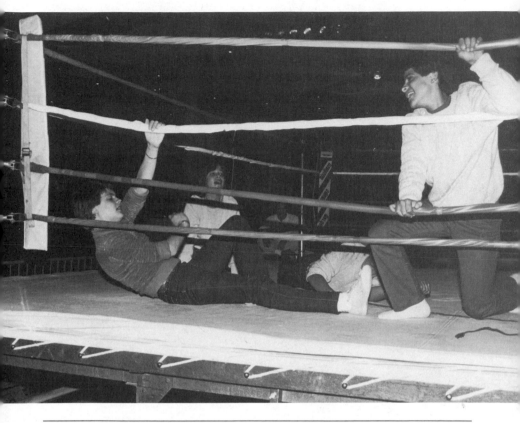

Xavier, Ray, and Miguel pretending to be boxers at the Felt Forum (next to Madison Square Garden in New York). Johnny's face is hidden behind Miguel's knee. Hope he wasn't knocked out!

Xavier, Ray y Miguel pretenden ser boxeadores en el Felt Forum (al lado de Madison Square Garden en Nueva York). Johnny tiene la cara escondida detrás de la rodilla de Miguel. ¡Esperamos, que no haya sido noqueado!

Charlie looks happy to be at the Plaza Hotel in New York City. *Charlie se ve muy feliz de estar en el Hotel Plaza de Nueva York.*

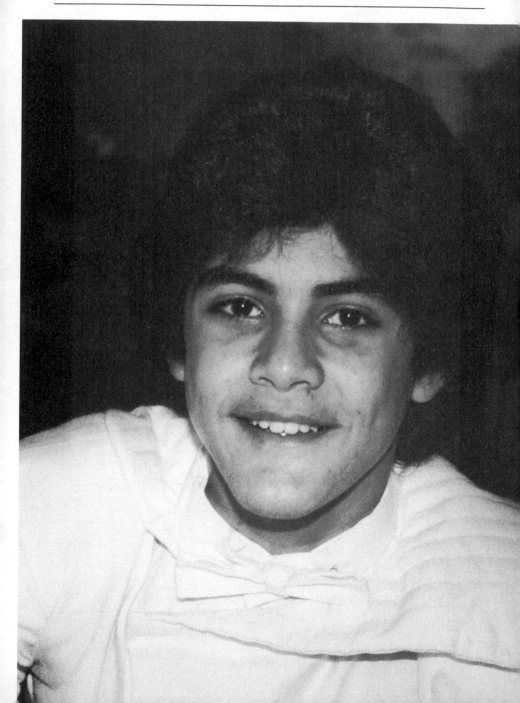

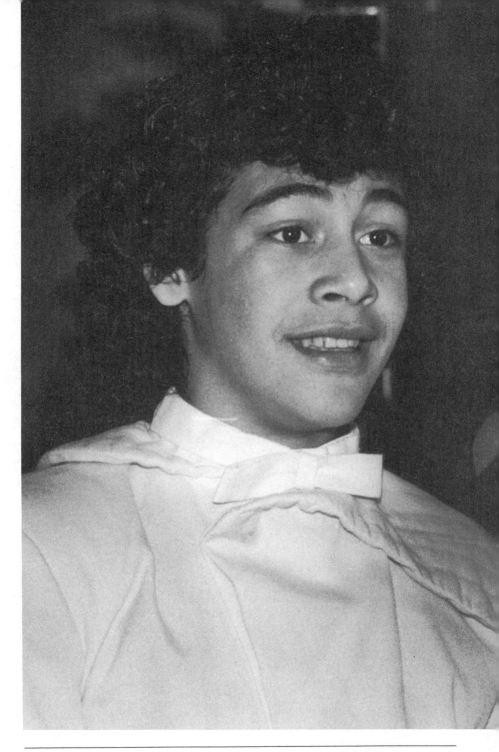

So do Johnny . . .   *También Johnny. . .*

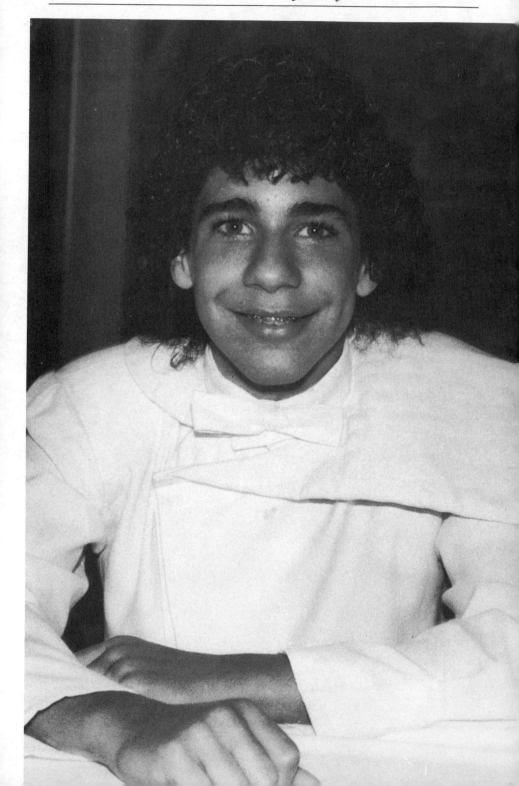

Before another press conference in New York in the summer of 1983, Mayor Ed Koch stands next to Miguel. Everyone is surrounded by photographers, reporters, security men, and lots of policemen in the parking lot. Menudo doesn't seem to be bothered by all the commotion—they're used to it!

Ante otra conferencia de prensa en Nueva York durante el verano de 1983, el Alcalde Koch se ve al lado de Miguel, rodeados por fotógrafos, periodistas, miembros del cuerpo de seguridad y policías de la ciudad. A los Menudo no les causa efecto este alboroto, pues ellos están acostumbrados a estas actividades.

Now it's Ray's turn to be skeptical. Maybe Mayor Koch is telling everyone to buy Menudo records. Left to right: Xavier, Miguel, Ray, Johnny, and Charlie.

Observen la mirada de Ray. ¿Que le estará diciendo el Alcalde? De izquierda a derecha: Xavier, Miguel, Ray, Johnny y Charlie.

Posing after the press conference with some happy (and lucky!) fans. The man standing next to Johnny is Dr. Rafael Espara, who works as assistant to Mayor Koch for Latin-American affairs in New York.

En esta foto aparecen un grupo de admiradoras felices y contentas. Al lado de Johnny aparece el Dr. Rafael Espara, asistente para Asuntos Hispano-Americanos del Alcalde de Nueva York.

More Menudo Fans

Admiradoras de Menudo

There are so many Menudo fans that they number in the millions! In fact, Menudo gets over 1,000 fan letters a day. There are over 1,000 fan clubs in the United States alone.

If you want to start a Menudo fan club, all you need is a minimum of ten members, and your own name for the club. Some fan clubs have only a dozen members, while others have over 7,500.

For more information about fan clubs, you can contact the people who run the Menudo organization in Puerto Rico. They'll send you an application—it's free—so that you can register the name of your club. You don't need to write to them in Spanish—they're happy to help anyone who loves Menudo.

The address is:

PADOSA
Avenida Ponce de Leon
Hato Rey
Puerto Rico   00917

El numero de admiradoras de Menudo llega a millones. En verdad, Menudo recibe más de 1,000 cartas de fanáticas por día. Solo en los Estados Unidos hay más de 1,000 club de fanáticas.

Si quieren organizar un club de fanáticas de Menudo, sólo necesitan un minimo de diez miembros, y un nombre para el club. Algunos club sólo tienen doce miembros, otros tienen mas de 7,500.

Para más informaciones sobre los club de fanáticas pueden ponerse en contacto con las personas que cuidan de los asuntos de Menudo en Puerto Rico. Ellos les enviarán una aplicación, que es gratis, para que puedan registrar el nombre del club.

La dirección es:

__PADOSA__
__Avenida Ponce de León__
__Hato Rey__
__Puerto Rico   00917__

Menudo fans let you know who's Numero Uno!

Las fanáticas de Menudo nos dejan saber quienes son sus ídolos número uno.

Menudo mania! Fans outside the Doral Inn in New York, hoping to get a glimpse of the band.

¡Menudo manía! Esta foto capta un numeroso grupo de admiradoras de los chicos de Menudo esperando poder ver a sus ídolos.

Saying adios to New York. Johnny holds banners in English and Spanish, helped by Miguel, Ricky, and Charlie.

Despidiendose de Nueva York, Johnny, asegura un estandarte en inglés y en español, con la ayuda de Miguel, Ricky y Charlie.

Menudo paying a visit to the Big Apple in October 1983. They were in New York to shoot commercials for toothpaste. You wouldn't guess that there were thousands of fans outside this hotel room, waiting for a peek at their favorite boys.

Menudo visitando de nuevo la ciudad de Nueva York en octubre 1983. Ellos vinieron aquí para filmar unos comerciales de pasta de dientes. Es increíble pensar que habían miles de fanáticas esperando fuera del hotel para ver a sus chicos favoritos.

From left to right, sitting: Ricky, Ray; standing: Johnny, Roy, and Charlie.

De izquierda a derecha: sentados Ricky y Ray, de pie Johnny, Roy y Charlie.

The newest Menudo is thirteen-year-old Robert (Robby) Rosa. Robby was born in New York, brought up on Long Island, and now lives in Puerto Rico. He will make his public debut on Valentinc's Day 1984 at Radio City Music Hall in New York City. Robby replaces Johnny Lozada, who must retire at age sixteen.

El miembro más reciente de Menudo tiene trece años y se llama Robert (Robby) Rosa. El nació en Nueva York, fué criado en Long Island y actualmente vive en Puerto Rico. El hará su debut el 14 de febrero de 1984 (el día de los enamorados), en Radio City Music Hall. Robby tomará el lugar de Johnny Lozada quien se retirará al cumplir dieciseis años.